# 一小时图说古文明

# 一小时图说古文明

# 我的第一本古埃及启蒙书

[英]菲利普·斯蒂尔 著

[阿根廷]尤金妮娅·诺巴蒂 绘

陈丁力 译

中国画报出版社·北京

图书在版编目（CIP）数据

我的第一本古埃及启蒙书 /（英）菲利普·斯蒂尔著；（阿根廷）尤金妮娅·诺巴蒂绘；陈丁力译. -- 北京：中国画报出版社, 2023.11

（一小时图说古文明）

书名原文：The Magnificent Book of Treasures: Ancient Egypt

ISBN 978-7-5146-2296-6

Ⅰ.①我… Ⅱ.①菲… ②尤… ③陈… Ⅲ.①埃及—古代史—儿童读物 Ⅳ.①K411.209

中国国家版本馆CIP数据核字(2023)第203069号

Copyright © Weldon Owen Children's Books
Simplified Chinese right arranged through Copyright Agency of China Ltd.
本书中文简体版专有出版权经由中华版权代理有限公司授予中国画报出版社有限公司

北京市版权局著作权合同登记号：01-2023-3849

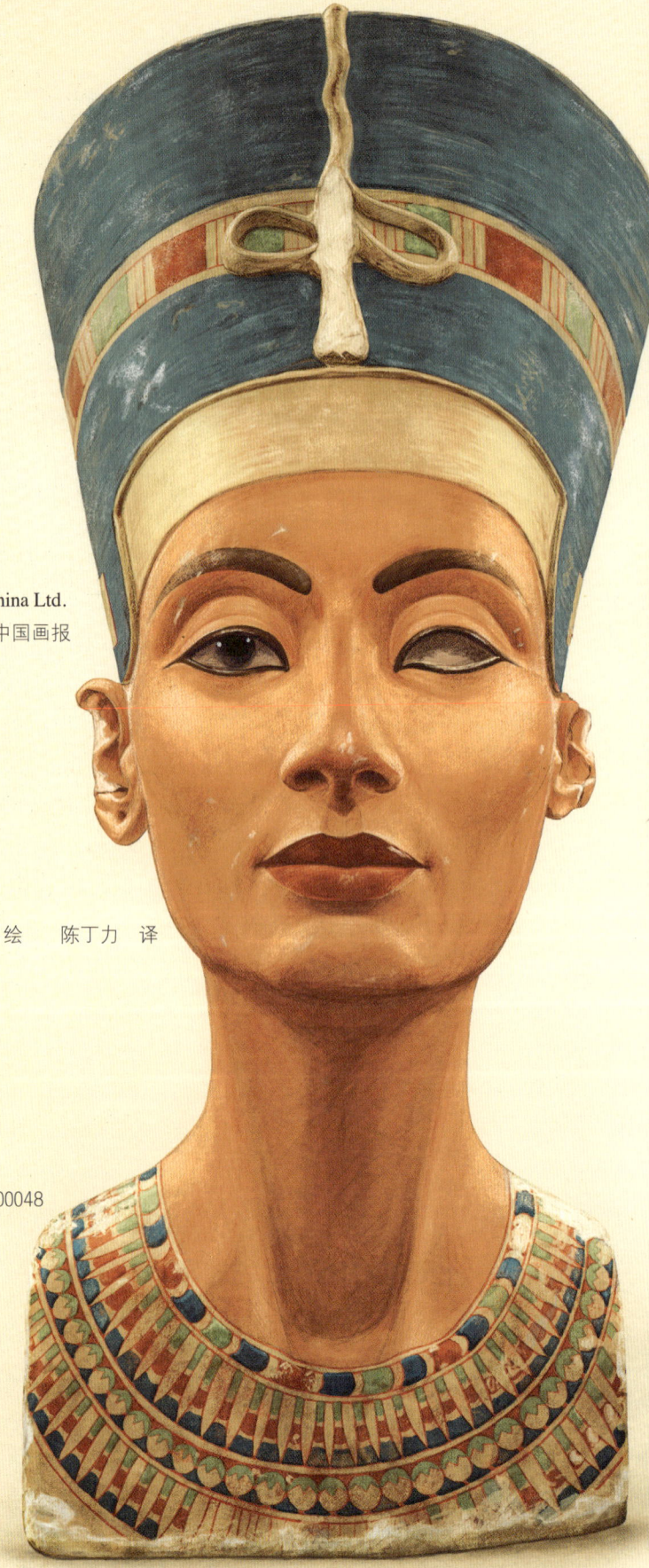

## 我的第一本古埃及启蒙书

[英]菲利普·斯蒂尔 著　　[阿根廷]尤金妮娅·诺巴蒂 绘　　陈丁力 译

出 版 人：方允仲
责任编辑：王韵如
内文排版：郭廷欢
责任印制：焦　洋

出版发行：中国画报出版社
地　　址：中国北京市海淀区车公庄西路33号　邮　编：100048
发 行 部：010-88417418　010-68414683（传真）
总编室兼传真：010-88417359　版权部：010-88417359

开　　本：16开（889mm×1194mm）
印　　张：5.25
字　　数：27千字
版　　次：2023年11月第1版　2023年11月第1次印刷
印　　刷：北京汇瑞嘉合文化发展有限公司
书　　号：ISBN 978-7-5146-2296-6
定　　价：89.00元

# 前 言

　　古埃及，处于一个一望无际的沙漠之地，耀眼的太阳炙烤着大地。要不是因为有尼罗河，几乎不会有人类在这个地方定居。这条伟大的河流为古埃及人提供了水源与航道。尼罗河沿岸的文明大约始于公元前3500年，并延续了数千年。在这段漫长的岁月里，古埃及人创造出了世界上精妙绝伦的艺术瑰宝。

　　本书将带你走进这个被遗忘已久的文明，揭开它神秘的面纱。在这本书里，你会为少年法老图坦卡蒙的金色面具及其木乃伊脚上所穿的金色凉鞋惊叹不已；你可以了解埃及权倾一时的几位女王，比如提耶和纳芙蒂蒂；还会认识太阳神拉、猫女神巴斯蒂特及母亲女神哈索尔等古埃及神话人物。

　　你可以了解到古埃及人对人死之后的看法，理解他们为何将船夫、面包师及耕夫的微型雕像放在陵墓里，又为何用写满咒语的书给逝者陪葬。还可以瞧一瞧为公主准备的美食、王室的幸运符，还有猫木乃伊分别长什么样。

　　让我们踏上这段穿越时空的旅程，去发现那些蔚为壮观的古埃及艺术瑰宝。

# 目录

| | | | | |
|---|---|---|---|---|
| 公主之棺 | 8 | | 运送食物者 | 28 |
| 亡灵之舟 | 10 | | 献给神的音乐 | 30 |
| 沼泽里的猎人 | 12 | | 小绿神 | 32 |
| 女神的化身 | 14 | | 动物棋盘游戏 | 34 |
| 蓝色河马 | 16 | | 金搭扣 | 36 |
| 卡诺卜坛 | 18 | | 王室花园 | 38 |
| 法老的金面具 | 20 | | 亡者的奴仆 | 40 |
| 猫木乃伊 | 22 | | 头戴羽冠的女王 | 42 |
| 古埃及面包作坊 | 24 | | 幸福的花园 | 44 |
| 黄金宝座 | 26 | | 灵魂小屋 | 46 |

| | | | |
|---|---|---|---|
| 书吏坐像 | 48 | 女神的拨浪鼓 | 66 |
| 瓦吉特之眼 | 50 | 王室臂环 | 68 |
| 小耕夫 | 52 | 亡灵之书 | 70 |
| 被纪念的女王 | 54 | 国王的精神力量 | 72 |
| 碰运气的棋盘游戏 | 56 | 蓝色刺猬 | 74 |
| 猫女神 | 58 | 尼罗河沿岸的农业 | 76 |
| 金色凉鞋 | 60 | 法老的匕首 | 78 |
| 公主的盛宴 | 62 | | |
| 公羊神 | 64 | 附录：术语表 | 80 |

# 公主之棺

古埃及人经常制作使用能互相嵌套的棺椁，类似俄罗斯的套娃。他们认为逝者前往另一个世界的旅途中，成套的棺椁可以保护他们的尸体。图中这副棺椁的主人是海那塔薇公主。

海那塔薇被认为是太阳神拉的歌者，她在古埃及最伟大的阿蒙神的神庙中担任女祭司这一重要角色。据说，阿蒙神拉每天都会驾着一条小船在天空中航行，他的头上戴着一个太阳圆盘。

海那塔薇的棺椁由两副棺材及一块"木乃伊板"组成，三个都是木乃伊的形状。公主的尸体被亚麻布绷带包裹着，放在内棺里，上面盖着木板。

两副棺材的正面都绘有海那塔薇的容貌。在古埃及神话信仰中，如果她想重新回到现世，这些画像可以帮助引导她的灵魂。

内棺被漆成金色，画有代表死亡与重生之神的奥西里斯。奥西里斯绿色的皮肤代表植物的凋零与重生。他的妻子伊希斯展开双翅的形象分别刻画在两副棺材以及木乃伊板上。

外棺被漆成白色，如同被包裹着的木乃伊。祈祷文、好运符和神祇的画像覆盖在表面。这些物品都是为了让公主顺利前往另一个世界。

## 小档案

**出土于：** 埃及底比斯（今卢克索）附近
**现藏于：** 美国纽约市的大都会艺术博物馆
**年　代：** 公元前1000—公元前945年（第三中间期）
**材　质：** 木材、油漆
**尺　寸：** 外棺长203厘米、内棺长191厘米、木乃伊板长171.3厘米

# 亡灵之舟

这艘模型船搭载着一位名叫梅克特雷的重要乘客,他坐在船中央的华盖下,正身处通往冥界的最后一段旅程中,那里将是他离开人世后的灵魂安息地。

古埃及人把类似的船模放在死者的墓里，他们认为这样能帮助死者的灵魂顺利渡往冥界，去面见死神奥西里斯。

这艘船模是用上了漆的木头制成的。16位迷你桨手划着木桨，后面两位舵手执掌长舵。

梅克特雷大约生活在4000年前。他是为统治埃及的法老工作的王室大臣。图中的船模是在他陵墓中的一个密室里发现的。

### 小档案

**出土于**：埃及底比斯（今卢克索）附近
**现藏于**：美国纽约的大都会艺术博物馆
**年　代**：公元前1981—公元前1975年（中王国时期）
**材　质**：木材、油漆、石膏、亚麻
**尺　寸**：长138厘米、宽38厘米、高53厘米

# 沼泽里的猎人

图中的人物名叫内巴蒙，他正在尼罗河附近的沼泽里狩猎。

内巴蒙手持一根蛇头型投掷棒，可以用其来击落野鸭、野鹅等大型水鸟。

内巴蒙的妻子和女儿坐在船上旁观，就连他的猫也呈捕鸟状。猫的眼珠被涂上金色，所以它有可能是太阳神的化身。

内巴蒙的小船是用捆在一起的芦苇秆做成的，芦苇秆来自尼罗河边一种叫做纸莎草的植物。

内巴蒙在世时，在埃及最伟大的神阿蒙神的神庙里担任重要官员。

这幅刻画在内巴蒙陵墓内壁上的画所展示的并非他生前的场景，而是他的来生。

## 小档案

出土于：埃及底比斯（今卢克索）附近
现藏于：英国伦敦的大英博物馆
年　代：约公元前1350年（新王国时期）
材　质：石膏、油漆
尺　寸：高83厘米、宽98厘米

# 女神的化身

纳芙蒂蒂是埃及历史上最有权势的王后之一。她的芳名意为"美人来了"。

王室雕塑家图特摩斯在其工作坊里完成了纳芙蒂蒂王后的这尊头部模型。

他将石膏抹平在石灰岩底座上,并用蜡和水晶制作出雕像的眼睛,精雕细琢地打造出了这个作品。图特摩斯给王后的雕像搭配了一个彩色的衣领,并佩戴上了一个蓝金色的王冠。

王后姣好的容貌被涂以细腻的颜色。图特摩斯有可能把这个相当写实的头部模型拿来给学生练习素描。

纳芙蒂蒂王后是法老埃赫那吞的妻子。她生了6个女儿。

古埃及人认为纳芙蒂蒂就是女神的化身。她和她的丈夫崇拜阿吞神，而非其他埃及神祇。阿吞的符号是一个太阳圆盘。

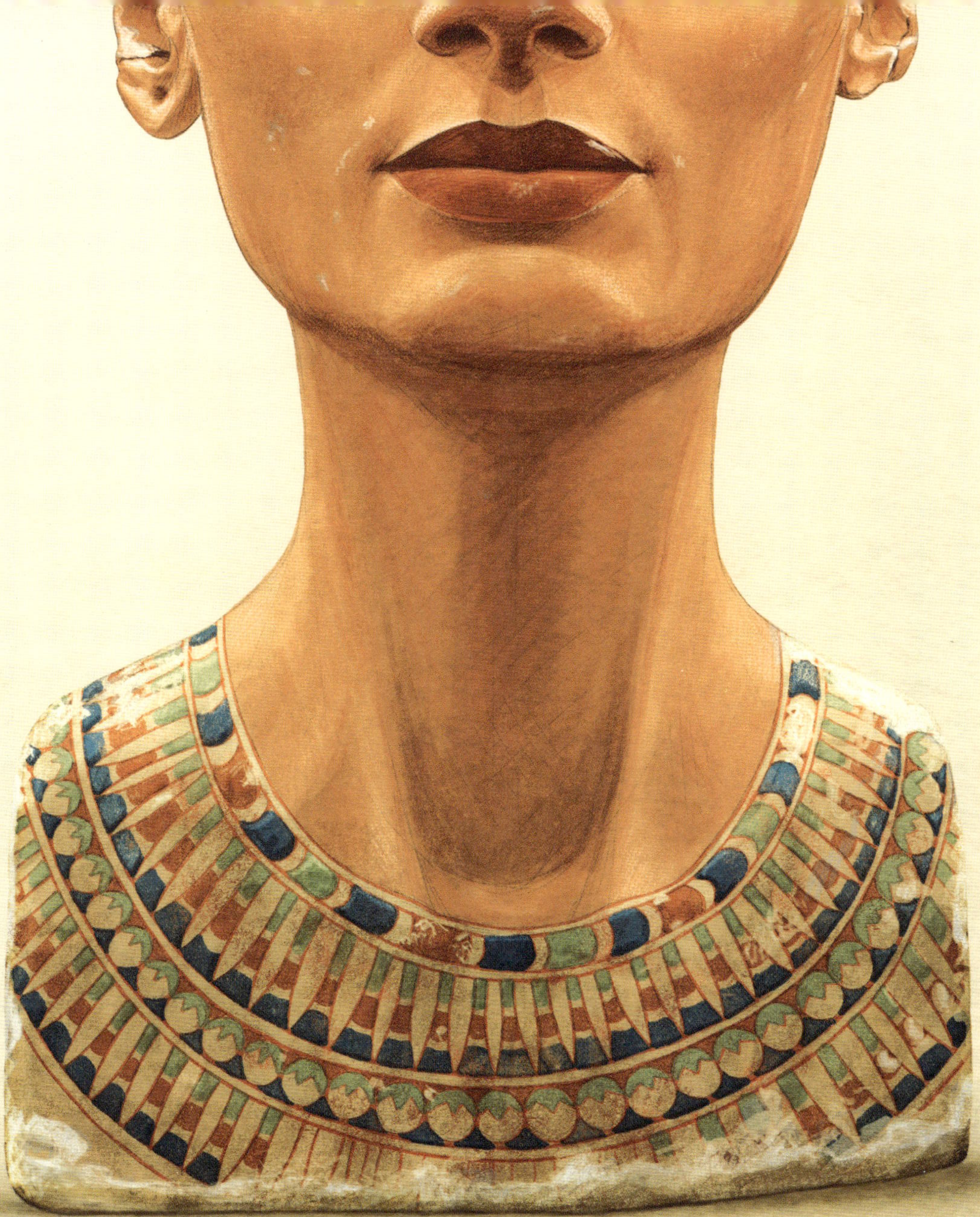

## 小档案

出土于：埃及埃赫那吞（今阿马尔纳遗址）
现藏于：德国柏林的新博物馆
年　代：约公元前1345年（新王国时期）
材　质：石灰岩、灰泥（熟石膏）、油漆、蜡、水晶
尺　寸：高49厘米、宽24.5厘米、厚35厘米

# 蓝色河马

大约4000年前,这只小河马被放置在位于埃及南部的一座陵墓里。墓的主人名叫森比,是一位王室官员。

这座陵墓中出土了两头河马，图中这只是其中之一。它们都是用一种叫做彩陶的陶瓷制作而成的，外表覆盖着一层蓝色亮釉。

河马身上绘有莲花，又叫做睡莲，这种莲花一般生长在尼罗河的淤泥中。

古埃及人认为，莲花是重生的神奇象征，因为它们晚上闭合，白天重新绽放。河马身上的花朵能引导墓主人森比在死后进入另一个世界。

在古代埃及，河马十分常见。它们对人类有一定的攻击性，经常会把河里的小船撞翻。夜里，河马还会在田地里横冲直撞，田里的庄稼都遭到根连株拔。

古埃及人用鱼叉和绳子来猎杀河马。

但古埃及人又很欣赏河马保护幼崽的方式。分娩女神塔沃瑞特的外观便形如河马。

这只小河马现藏于纽约一家博物馆内，它绰号威廉，深受游客喜爱。

### 小档案

**出土于：** 埃及艾斯尤特附近的美尔

**现藏于：** 美国纽约的大都会艺术博物馆

**年　代：** 公元前1968—公元前1878年（中王国）

**材　质：** 彩陶、油漆

**尺　寸：** 长20厘米、宽7.5厘米、高11.2厘米

# 卡诺卜坛

古埃及人认为，人在死后身体上的某些器官仍然有用。在制作木乃伊之前，古埃及人会先将尸体的肺、肝、胃和肠取出，保存在图中的罐子里。

这些罐子被称为卡诺卜坛。它们盛有死者的器官，与死者一同被埋葬。图中的小雕像是这些卡诺卜坛的木制复制品。

罐子的外观雕刻的分别是荷鲁斯神的4个儿子，它们守护着卡诺卜坛里装着的人身上的4个不同部位。

## 小档案

**出土于**：埃及底比斯（今卢克索）附近
**现藏于**：法国巴黎的卢浮宫博物馆
**年　代**：公元前1069—公元前747年
**材　质**：木材、油漆
**尺　寸**：高32.5厘米、宽13.6厘米

鹰首凯布山纳夫是西方之神,肠的守护者。

狒狒首哈碧是北方之神,肺的守护者。

狼首多姆泰夫是东方之神,胃的守护者。

人首艾姆谢特是南方之神,肝的守护者。

# 法老的金面具

这副名贵的面具原本是戴在法老图坦卡蒙的木乃伊脸上的。面具由闪闪发光的黄金制成，饰有美丽的宝石和彩色玻璃。

图坦卡蒙当上法老即古埃及国王时，年仅9岁。11年后图坦卡蒙去世时，他的尸体被保存为木乃伊。

条纹饰头巾上有一条眼镜蛇和一只秃鹫。这两只动物分别代表着上埃及（南部）和下埃及（北部），也表明了图坦卡蒙自南向北统治着古埃及的广袤疆域。

埃及人认为，法老是现世的神，因此他们把面具做成神的模样。这副面具上的是奥西里斯神的脸。奥西里斯戴着假胡子，胡子对神祇而言是十分神圣的。闪闪发光的金色象征着太阳神拉。

面具的背面有一句咒语，它能保护法老免受恶灵的伤害。

图坦卡蒙葬在一座神秘的地下墓穴中，里面总共有5398件珍宝和祭品，以便国王到冥界后或在来世能继续享用。

## 小档案

**出土于**：埃及帝王谷
**现藏于**：埃及吉萨的大埃及博物馆
**年　代**：公元前1292—公元前1189年（新王国时期）
**材　质**：黄金、珠宝、彩色玻璃
**尺　寸**：高54厘米、宽39.3厘米

# 猫木乃伊

古埃及人不仅制作人像的木乃伊,还会制作动物的木乃伊。他们制作过的动物木乃伊有狒狒、鳄鱼、鸟、鱼和宠物猫。

有时,古埃及人心爱的宠物死掉了,就会被制成木乃伊,这样它们就可以去往另一个世界,因为古埃及人相信,这些宠物会在另一个世界与主人的灵魂相遇。

古埃及人认为有些动物在死后依然能造福它们的主人,就仿佛还活在现世,比如说宠物猫还是可以抓老鼠。

人像木乃伊大都经过精心准备,动物木乃伊则不一样,往往只是被用黏稠的树脂和粗麻布包裹起来。

图中这只猫的尸骸就是被布条包裹整齐,脸部涂有彩绘,看起来像是毛绒玩具。

埃及北部的巴斯提斯出土了大量的猫木乃伊。

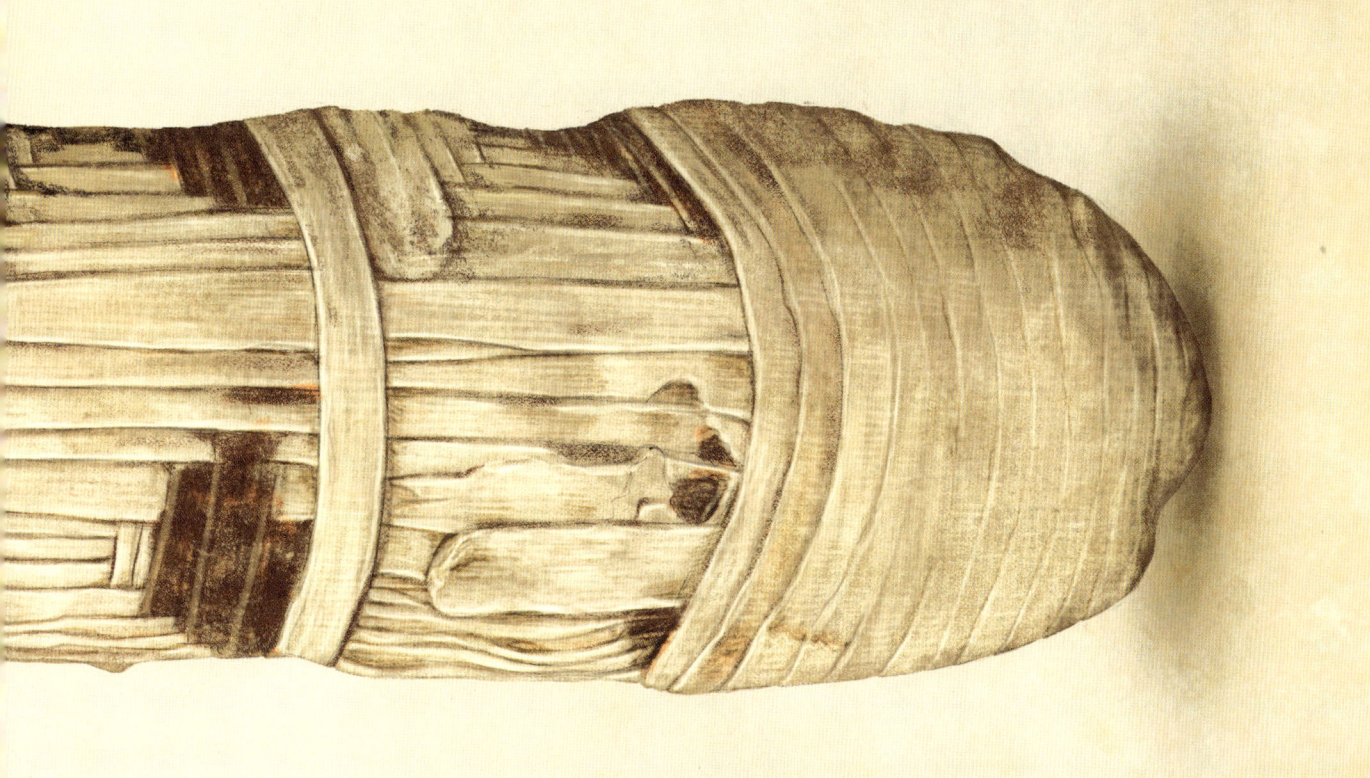

神圣的动物往往会被制成木乃伊，以供奉神灵。也有时，这些木乃伊只不过被做成了动物的形状，里头填充的其实是骨头和垃圾。

### 小档案

出土于：大概在埃及巴斯提斯
现藏于：法国巴黎的卢浮宫博物馆
年　代：公元前664—公元前332年
材　质：猫木乃伊、亚麻油、布料、颜料
尺　寸：高39厘米，宽9.7厘米，头部长10.4厘米

# 古埃及面包作坊

古埃及人种植大麦和二粒小麦，用来烤面包及酿造啤酒。图中的模型表现的是人们在面包作坊工作的场景，有的人在研磨谷物，有的人在揉面团，还有的人在照看烤箱。

这个模型出土于4000多年前底比斯的一位要员梅克特雷的陵墓中。古埃及人认为有了面包师傅，他在来世就不至于挨饿了。

古埃及人掌握了用酵母发酵面团做面包的方法。他们日常会用到各种形状、大小不一的模具烘焙面包，模具有锥形，也有圆形。

古埃及的面包师会添加蜂蜜、无花果或椰枣来增加面包的香甜度，也会用坚果或香料来调味。烤出来的蛋糕和点心有些像人的模样，有些又像鳄鱼。

在古埃及，面包师使用的面粉往往是沙砾状的。这就解释了为何许多古埃及人的牙齿都存在磨损。

## 小档案

**出土于**：埃及底比斯（今卢克索）附近
**现藏于**：美国纽约的大都会艺术博物馆
**年　代**：公元前1981—公元前1975年（中王国时期）
**材　质**：木材、油漆
**尺　寸**：最高的面包师身高18厘米

# 黄金宝座

这把镀金的国王宝座闪亮夺目。法老图坦卡蒙曾经坐在上面发号施令，以及接见远道而来的客人。

图坦卡蒙是埃赫那吞的儿子，法老埃赫那吞展开宗教改革，只崇拜一位叫做阿吞的神。阿吞的象征是一个太阳圆盘，王座的背面也有这样一个闪闪发光的圆盘。

宝座的靠背上雕刻的是图坦卡蒙和他的妻子安克赫蒙。两人头戴假发和王冠，身着细亚麻布服饰，衣领上镶有珠宝。王后正用手中托盘里的香水精油抚拭着国王的臂膀。

靠背上的莲花和纸莎草芦苇象征着上埃及和下埃及，代表图坦卡蒙所统治的疆域。

宝座扶手上装饰着带有翅膀的眼镜蛇，眼镜蛇是王权的象征。宝座的4条腿代表埃及的东西边界，由凶猛的狮子把守。

## 小档案

**出土于：** 埃及底比斯（今卢克索）附近
**出土于：** 埃及吉萨的大埃及博物馆
**年　代：** 约公元前1336年（新王国时期）
**材　质：** 木材、黄金、银、半宝石、彩色玻璃、彩釉陶瓷（彩陶）
**尺　寸：** 高102厘米、宽54厘米、深60厘米

# 运送食物者

这尊小雕像是一位头顶篮子行走中的女性，篮子里盛着肉和面包，她的右手还提着一只鸭子。她一边走，一边努力让篮子保持平衡。

这尊雕像雕工精美，色彩丰富。这位女性身穿一件有珠饰图案的华丽衣裳，还佩戴着珠宝，显然不是一位不起眼的仆人或者农家女。

古埃及人相信死者的灵魂会在另一个世界继续生活，所以他们需要进食。这位女性能把食物带给坟墓里的死者灵魂。

近4000年前，有两尊这样的雕像被放置在一座陵墓里，图中这个便是其中之一。它们有可能分别是女神尼普提斯和伊希斯的化身，能够保护死者。

墓的主人是一位叫梅克特雷的大人物，他在王室任职多年。

梅克特雷的陵墓中有一间密室，里头有许许多多的小雕像。除了这尊雕像以外,还有作坊、花园和船只的模型。墓室里的各种模型是用来帮助死者在来世过上好日子的。如今,它们能帮助我们了解古埃及人的日常生活。

## 小档案

**出土于**:埃及底比斯(卢克索)
**现藏于**:美国纽约的大都会艺术博物馆
**年代**:公元前1981—公元前1975年
**材质**:木材、油漆
**尺寸**:高112厘米、底座宽17厘米、长46.7厘米

# 献给神的音乐

画面里，乐师的手指轻抚着竖琴的琴弦，弹奏出的美妙音符响彻圣殿。象形文字显示，乐师演唱的是一首名为《崇拜冉冉升起的太阳神拉》的赞美诗。

这幅画刻画在木片上。竖琴师跪在鹰头神拉－赫拉克提面前，鹰头神是主宰天空和初升太阳的神，图中他端坐在荣耀的宝座上。

这位竖琴师在底比斯的阿蒙神神庙里担任大祭司。画家希望描绘他赞美神的画面，告诉人们这位竖琴师为人善良而又虔诚。

古埃及的庙宇一般不允许民众入内参拜，只有祭司和乐师才有资格承担这项工作。他们向神明供奉食物、焚烧香火，让寺庙里萦绕着乐曲与歌声。

古埃及人喜欢用铃铛、拨浪鼓和铙钹演奏各种音乐。他们也会吹奏长笛和双簧管，还会弹拨竖琴和七弦琴。

王室宴会上一般也要奏乐，舞蹈演员和杂技演员会在表演时通过鼓掌、击鼓的方式拍打出节奏韵律。

埃及士兵出征时，也经常吹奏小号和击鼓。

## 小档案

**出土于**：埃及底比斯（卢克索）
**现藏于**：法国巴黎的卢浮宫博物馆
**年　代**：公元前约1045年（第三中间期）
**材　质**：木材、石灰岩石、油漆
**尺　寸**：高29.5厘米、宽22.4厘米

# 小绿神

这个小绿人是贝斯神的雕像。他看起来不像神,反倒像一个凶猛的恶魔。有时他的形象是挺个大肚子,伸着舌头。

在古埃及,贝斯像会出现在各种地方,比如珠宝、勺子、镜子、幸运符和壁画上。人们还会把罐子做成他的头的形状。

这尊雕像由绿色玻璃彩陶制成,这是一种特殊类型的釉面陶瓷。雕像细节部分添加了黑色颜料。

图中的贝斯神雕像坐于端子莲花(也可能是睡莲)之上,两腿间夹着一只猴子,佩戴羽毛头饰,怀抱着婴儿版的自己。

人们认为贝斯神能保护分娩的妇女,他还可以照顾家人,守卫家园,使人们远离蛇等危害。

贝斯神经常以演奏乐器或跳舞的形象出现。他也曾被视为战神,有时还会提把刀。

贝斯神最初可能是上埃及即靠近非洲的神祇。随着他越发闻名退迩,甚至波斯(今伊朗)也有人崇拜他。

贝斯神并不总是以小绿人的形象出现，有时他还会化身为狮子或侏儒。

## 小档案

出土于：埃及马拉维附近的图纳艾戈贝尔
现藏于：英国伦敦的大英博物馆
年　代：公元前664—公元前332年（晚王国时期）
材　质：彩釉陶瓷（彩陶）、油漆
尺　寸：高20.2厘米，宽7.5厘米

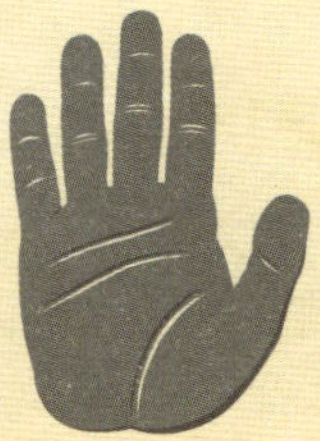

# 动物棋盘游戏

古埃及与现在一样，棋盘游戏十分流行。这款桌面游戏模型出土于底比斯一位叫作阿蒙涅姆哈特的法老的陵墓。

这张迷你游戏桌主要由象牙（又或者是其他动物的獠牙）及一种叫做乌木或者黑檀木的木材制成。桌面绘有棕榈树的图案；桌腿也经过精心雕刻，末端形似公牛的蹄子。

动物头形状的顶杆是这款游戏的关键。5支顶杆被雕刻成猎狗头，另外5支被雕刻成豺狼头。顶杆较细的一端可以通过桌板上的孔插进下面的抽屉里。

对于游戏的规则至今没有一个明确的答案，有可能是两个玩家比赛看谁的顶杆先到达终点。古埃及人大概是通过投掷骰子、骨头或棍棒来决定下一步该怎么走的。

桌面上有一个"生环"的图案，代表游戏的终点。"生环"指的是一圈首末相连的绳子，代表任务已然圆满完成。

古埃及人将棋盘放在坟墓中，估计是用来象征人的灵魂所要经历的旅程：通往来世的旅程就好比这盘桌面游戏，路途上布满荆棘。

## 小档案

**出土于**：埃及底比斯（卢克索）

**现藏于**：美国纽约的大都会艺术博物馆

**年　代**：公元前1814—公元前1805年（中王国时期）

**材　质**：动物獠牙、木材、油漆

**尺　寸**：桌子高6.8厘米、长15.6厘米、宽10.1厘米，豺狼头棒长7~8.5厘米，猎狗头棒长6~6.8厘米

# 金搭扣

两匹疾驰的骏马拉着一辆战车从战场凯旋，驾驶战车的是法老图坦卡蒙。他的猎犬在一旁紧紧追赶。这幅场景出现在为图坦卡蒙所拥有的一枚搭扣上。

这枚搭扣出土于图坦卡蒙的陵墓。3000多年前，一位工匠大师用纯金打造出上述场景。

图坦卡蒙一个人站在这辆两轮敞篷战车上。他的弓装在一个鼓鼓囊囊的箭匣里。他的马匹配备有华丽的鞍具和缰绳，马的头上还插着鸵鸟羽毛。

古埃及的艺术家最喜欢表现法老驾驶战车的场景，旁边一般是法老的手下败将或俘虏，正如这幅图片中的场景。

现实中，图坦卡蒙连一场仗都没有打过。这个搭扣上的场景仅仅用于展现他作为统治者的强大影响力。

从他的陵墓中出土了4辆真正的战车。

## 小档案

**出土于：** 埃及底比斯（今卢克索）附近
**现藏于：** 埃及吉萨的大埃及博物馆
**年　代：** 公元前1327年（新王国时期）
**材　质：** 金
**尺　寸：** 宽9.7厘米

# 王室花园

古埃及人经常在石灰岩石板上绘制和雕刻美丽的图案。这幅画描绘的是一男一女身着精致的褶皱亚麻服饰，肩披华美的宽领饰。

俩人的额头上都有眼镜蛇像。眼镜蛇是王权的象征，由此可知，这对男女就是法老和王后。

这对王室伉俪都是日理万机的大人物，但在这幅图中，他们看起来相当放松，大概是在王宫的花园里散步，王后正将一束莲花递给国王闻。

这种写实主义的艺术风格在法老埃赫那吞统治时期十分流行。

埃赫那吞创造了一个新的宗教流派，他不再崇拜以往的众神，而是只崇拜一位叫做阿吞的神。他还在阿马尔纳修建了古埃及的新首都，也就是这幅画出土的地方。

这幅画画的有可能是法老图坦卡蒙和他的妻子安克赫蒙。后者在成为女王之前曾是一位王室公主。

## 小档案

**出土于：** 埃及的阿马尔纳遗址
**现藏于：** 德国柏林的新博物馆
**年　代：** 公元前约1335年（新王国时期）
**材　质：** 石灰岩、油漆
**尺　寸：** 高24.8厘米、宽20厘米、厚6.5厘米

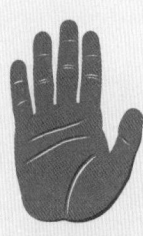

# 亡者的奴仆

这只装有8个沙伯替人俑的箱子是一位名叫亨努特梅特的女祭司的陪葬品。她在掌管宇宙、太阳和空气的阿蒙神拉的神庙里从事祭祀工作。

沙伯替是亡者的奴仆。将他们埋葬在坟墓里是为了让他们在来世继续为死者工作。

古埃及人相信，有了《亡灵之书》的咒语，沙伯替就能在另一个世界奇迹般地复活。

箱子正面的古埃及象形文字描述了沙伯替所从事的工作。

## 小档案

**出土于：** 埃及底比斯（卢克索）
**现藏于：** 英国伦敦的大英博物馆
**年　代：** 公元前1292—公元前1189年（新王国时期）
**材　质：** 木材、油漆
**尺　寸：** 高35厘米、宽19.2厘米、长34厘米

箱子侧面是亨努特梅特的画像，她的头发上别着一朵莲花，代表她将在另一个世界复活，就好比莲花在夜晚凋敝，又会在黎明盛开。

图中的亨努特梅特正朝着3位神祇膜拜，祈求它们在其灵魂前往冥界的过程中给予她庇护。

# 头戴羽冠的女王

提耶生活在3000多年前,她是一位伟大的女王。这尊提耶的迷你头部雕像大部分由紫杉木制成,眼部由乌木及被称为雪花石膏的白色石头制成。

提耶聪慧过人,权倾一时。她的母亲是一位女祭司,父亲是一位贵族,他们的家族可能来自埃及南部一个叫努比亚的地区。

法老阿蒙霍特普三世娶了提耶,于是她成为埃及女王,被称为伟大的第一夫人,与她的丈夫一起统治着埃及。

提耶有好几个官方的名字,其中包括"两地之母",因为她统治着上埃及和下埃及,拥有至高无上的权力。

提耶的儿子埃赫那吞在他父亲阿蒙霍特普去世后成为国王。在她的儿子继位后,提耶仍然在王室占据重要一席。

这尊人首雕像曾经佩戴着金色的头饰。头饰正面是一条金色的眼镜蛇,侧面是两个金色的发夹。眼镜蛇是王权的象征。

头饰上的太阳圆盘和牛角代表着女神哈索尔,她是天空、女性、生育和爱的象征。有人认为,提耶就是哈索尔的化身。

提耶王后也是闻名遐迩的法老图坦卡蒙的祖母。

## 小档案

出土于：埃及哈布城遗址
现藏于：德国柏林的新博物馆
年　代：公元前约1350年（新王国时期）
材　质：紫杉木、银、金、釉面陶瓷（彩陶）、乌木、石膏
尺　寸：高22.5厘米

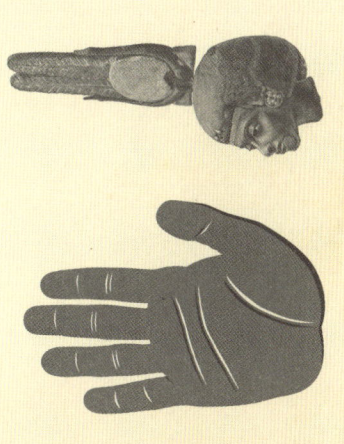

# 幸福的花园

埃及多沙漠,阳光辐射强烈。古埃及人建造了这种围合式的花园用来避暑和消遣。花园里绿树成荫,清凉舒爽,池塘里波光潋滟。

这幅壁画有着3000多年的历史,向我们展现了古埃及富庶阶层的花园迷人的模样。

这幅描绘花园的画作来自墓葬出土的壁画,墓的主人名叫内巴蒙,这座花园是他为自己的来世而准备的。

花园中央的池塘里有鱼和鸭,还有睡莲。池塘周围种满芬芳的鲜花和香草,花园中树影婆娑,树叶在微风中沙沙作响。

花园中宛如在举行一场水果丰收的盛宴,无花果树、棕榈树及棕树上都挂满了沉甸甸的果实,仿佛随时欢迎内巴蒙前来采摘。

## 小档案

**出土于:** 埃及底比斯(今卢克索)附近
**现藏于:** 英国伦敦的大英博物馆
**年　代:** 公元前约1350年(新王国时期)
**材　料:** 石膏、油漆
**尺　寸:** 高64厘米、宽73厘米

在池塘右边，内巴蒙的妻子准备好了鲜果和酒水，等待着为内巴蒙接风洗尘。

这幅石膏画的颜色原本十分鲜艳，但随着时间的推移，原先的蓝色和绿色均已褪色。

# 灵魂小屋

这个泥塑微雕外形看起来像个玩具屋，其实是放在逝者坟墓里的托盘的一部分。逝者的亲人或者祭师会将祭品放在托盘上，好让此人踏上通往另一个世界的旅程。

灵魂小屋的存在提醒着人们，坟墓是逝去之人的灵魂和精神家园。屋子前面摆放着面包、鱼和蔬菜等食物的黏土模型，供逝者灵魂享用。

虽然这只是一个粗略的模型，但它足以让我们了解古埃及房屋的真实构造。古埃及的房子是用砖砌的，大厅朝向院子或街道。

与现实中真正的古埃及房屋一样，这间灵魂小屋有一条通往屋顶平台的楼梯；夜晚，人们可以在那里坐着聊天，或者睡觉。

灵魂小屋有窗户和拱形门廊，屋顶平台上还有通风口，在现实的古埃及房屋中，这样的设计有助于通风换气。

## 小档案

**出土于**：大概在埃及底比斯（今卢克索）附近
**现藏于**：英国伦敦的大英博物馆
**年　代**：公元前1985—公元前1795年（中王国时期）
**材　质**：黏土
**尺　寸**：高17.5厘米、宽41厘米、长38厘米

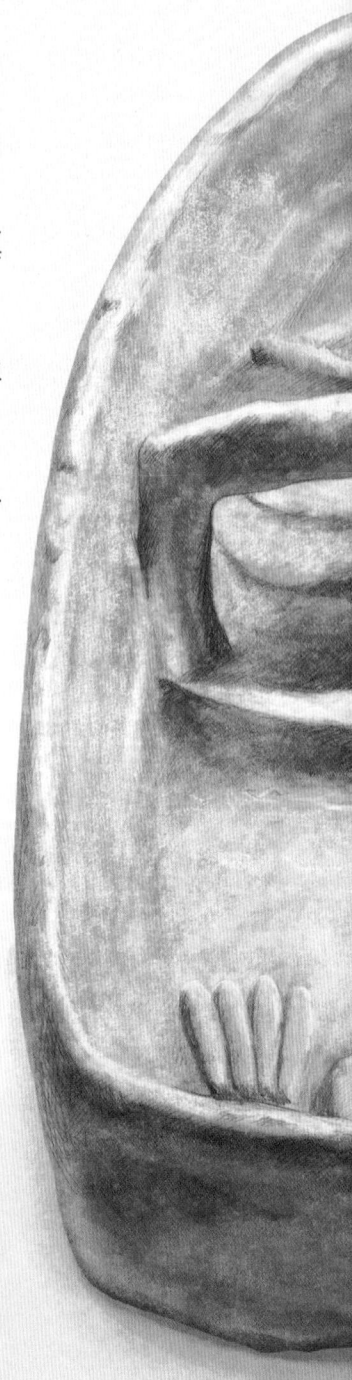

# 书吏坐像

书吏是写东西的人。在古埃及,能认字和写字的人少之又少,书吏的工作就显得非常重要。这个书吏坐像距今约4400年。

古埃及的书吏用芦苇做的毛笔或墨水笔写字,还会用到红色或黑色的固体墨水块、调色板及水缸。这尊人像的右手原先很可能握着毛笔或墨水笔。

古埃及时还没有发明纸。书吏在纸莎草的茎做成的纸莎草纸上书写。这尊人像的膝盖上就铺着一卷纸莎草纸。

这位书吏写的字叫作僧侣体,与我们在坟墓和庙宇中所看到的古埃及象形文字符号有所不同。

在古埃及,书吏也被称为"sesh",这个词不仅有"书写者"的意思,也有庄园、宫殿或庙宇里的文职职员、会计和高级官员的含义。

通常情况下,书吏是一项子承父业的工作。书吏也是一个非常有影响力的群体,在协助国家运转上发挥着重要作用。

## 小档案

**出土于:** 今埃及开罗以西的塞加拉
**现藏于:** 埃及吉萨的大埃及博物馆
**年　代:** 公元前2494—公元前2345年(古王国时期)
**材　质:** 石灰岩、油漆
**尺　寸:** 高50.8厘米

# 瓦吉特之眼

这枚吊坠可能是法老图坦卡蒙生前佩戴过的,图坦卡蒙去世后被作为护身符或幸运符放在他的木乃伊身旁。

吊坠上的眼睛被称为瓦吉特之眼,象征着荷鲁斯神的魔眼。古埃及的护身符充满了神秘的意味。

荷鲁斯之眼拥有治愈和保护的力量。荷鲁斯在与塞斯神的战斗中失去了它之后便失去了这种力量,后来透特神帮他修复了。

瓦吉特之眼由镶金边的蓝色和红色铅质玻璃制成。它还配有一条串珠,串珠由黄金、蓝色彩陶、一种叫做青金石的蓝色石头和一种叫做玛瑙的红色石头制成。

瓦吉特之眼的两侧分别是两种动物的形象。她们被称为"双女",是埃及的两大女神。

左侧是秃鹫女神涅赫贝特。她头顶高耸的羽冠,是上埃及的守护者。

## 小档案

**出土于:** 埃及底比斯(今卢克索)附近
**现藏于:** 埃及吉萨的大埃及博物馆
**年　代:** 公元前1370—公元前1352年(新王国时期)
**材　质:** 黄金、铅制玻璃、釉面陶瓷(彩陶)、青金石、玛瑙
**尺　寸:** 宽5.7厘米

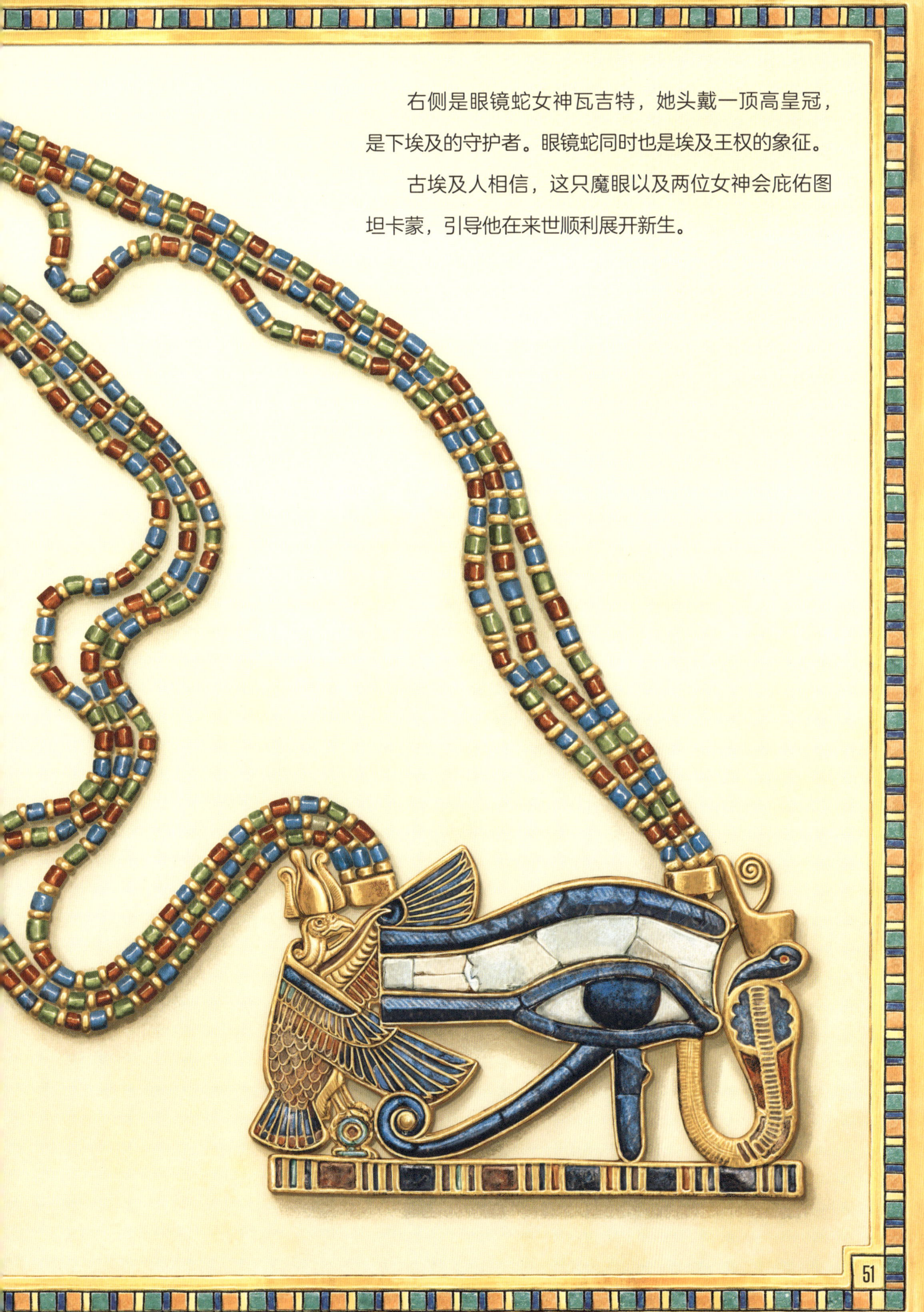

右侧是眼镜蛇女神瓦吉特,她头戴一顶高皇冠,是下埃及的守护者。眼镜蛇同时也是埃及王权的象征。

古埃及人相信,这只魔眼以及两位女神会庇佑图坦卡蒙,引导他在来世顺利展开新生。

# 小耕夫

图中的迷你人像正在犁地，为播种做准备。尼罗河每年都会泛滥一次，这位耕夫站在尼罗河的淤泥里，淤泥深至其脚踝。古埃及人认为，尼罗河的洪水其实是伟大的女神伊希斯为她死去的丈夫奥西里斯神哭泣所流下的泪水。

一年中的大部分时间，埃及都以晴热干旱气候为主，不适合农作物生长。尼罗河每次泛滥过后，都会留下肥沃的土壤，非常适合耕种。劳动人民就会像图中这位耕夫一样去耕种农田。

## 小档案

**出土于：** 大概是埃及的孟菲斯（开罗）地区

**现藏于：** 英国伦敦的大英博物馆

**年　代：** 公元前1985—公元前1795年（中王国时期）

**材　质：** 木材、油漆

**尺　寸：** 高20.3厘米、宽17.7厘米、长43.2厘米

耕夫身上只穿着一条朴素的亚麻短裙。在埃及的烈日下犁地，真是份苦差！

这把木犁耙的款式十分简单，主要靠上面的金属刀锋翻土。两头黑白相间的公牛负责牵引犁耙。

类似的人像会被放置在富庶地主和官员的坟墓里。如此一来，这些过世的人就能在来世继续让人生产他们所需的食物。

# 被纪念的女王

这幅壁画的主人公是雅赫摩斯-奈费尔塔里王后。她是阿蒙神的女祭司。

雅赫摩斯-奈费尔塔里的画像是在一个名叫基耐布的人的坟墓中发现的,他是阿蒙的祭师。

雅赫摩斯-奈费尔塔里生活的年代比基耐布的早400年。她的画像之所以出现在基耐布的坟墓里,是出于纪念。

人像的头饰是一个带有鸵鸟羽毛的太阳圆盘,属于王家头饰,一般只有女王才有资格佩戴。

女王头部的眼镜蛇标志及其右手的拂尘或鞭子均为王权的象征。

雅赫摩斯-奈费尔塔里左手握着一枝莲花,莲花会在晚上凋敝,然后在第二天早上重新绽放,因此象征着重生。

雅赫摩斯-奈费尔塔里拥有至高无上的权力。她是埃及历史上地位最高的女性之一，死后被尊奉为女神。

## 小档案

出土于：埃及底比斯（卢克索）

现藏于：英国伦敦的大英博物馆

年　代：公元前1129—公元前1126年（新王国时期）

材料准备：石膏、油漆

尺　寸：高45厘米、宽20.8厘米、厚4.4厘米

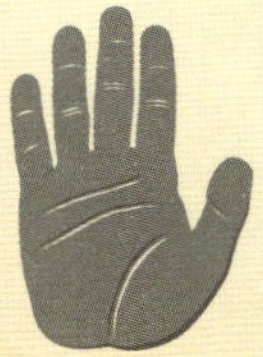

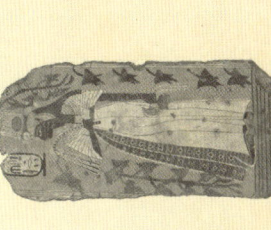

# 碰运气的棋盘游戏

埃及人钟情于棋盘游戏，他们最喜欢的游戏叫做塞尼特棋，它在埃及至少有3000年的历史。图中这副棋盘便是由蓝色彩陶制成的，彩陶是一种特殊的釉面陶瓷。

在院子的泥地上简单地画出方格，或者把棋盘刻在石板上，都可以进行塞尼特棋游戏。图中雕刻精美的棋盘，就是国王专属的。

每块棋盘上有30个方格，或称小房子，有些格子里标有数字，还有些是代表好运气或坏运气的符号，类似我们玩的蛇梯棋。

游戏有两名玩家，每名玩家有7枚棋子。他们不用骰子，而是用带编号的棍子或小块骨头来决定前进的步数。游戏结束后，玩家可以把棋子放回抽屉里。

### 小档案

**出土于：** 埃及底比斯（卢克索）
**现藏于：** 美国纽约的布鲁克林博物馆
**年　代：** 公元前1390—公元前1353年（新王国时期）
**材　质：** 釉面陶瓷（彩陶），部分用灰泥修复
**尺　寸：** 长21厘米、宽7.7厘米、高5.5厘米

针对具体的游戏规则，专家们提出了各种猜测，但至今仍无法完全确定。

图中这个塞尼特棋盘上篆刻着阿蒙霍特普三世的名字，他是4000年前统治古埃及的法老，这副棋盘就是在他的陵墓里发现的。

古埃及人认为，逝者去往另一个世界的旅程就像一场碰运气的棋盘游戏。这就是塞尼特棋盘经常作为陪葬品的原因。

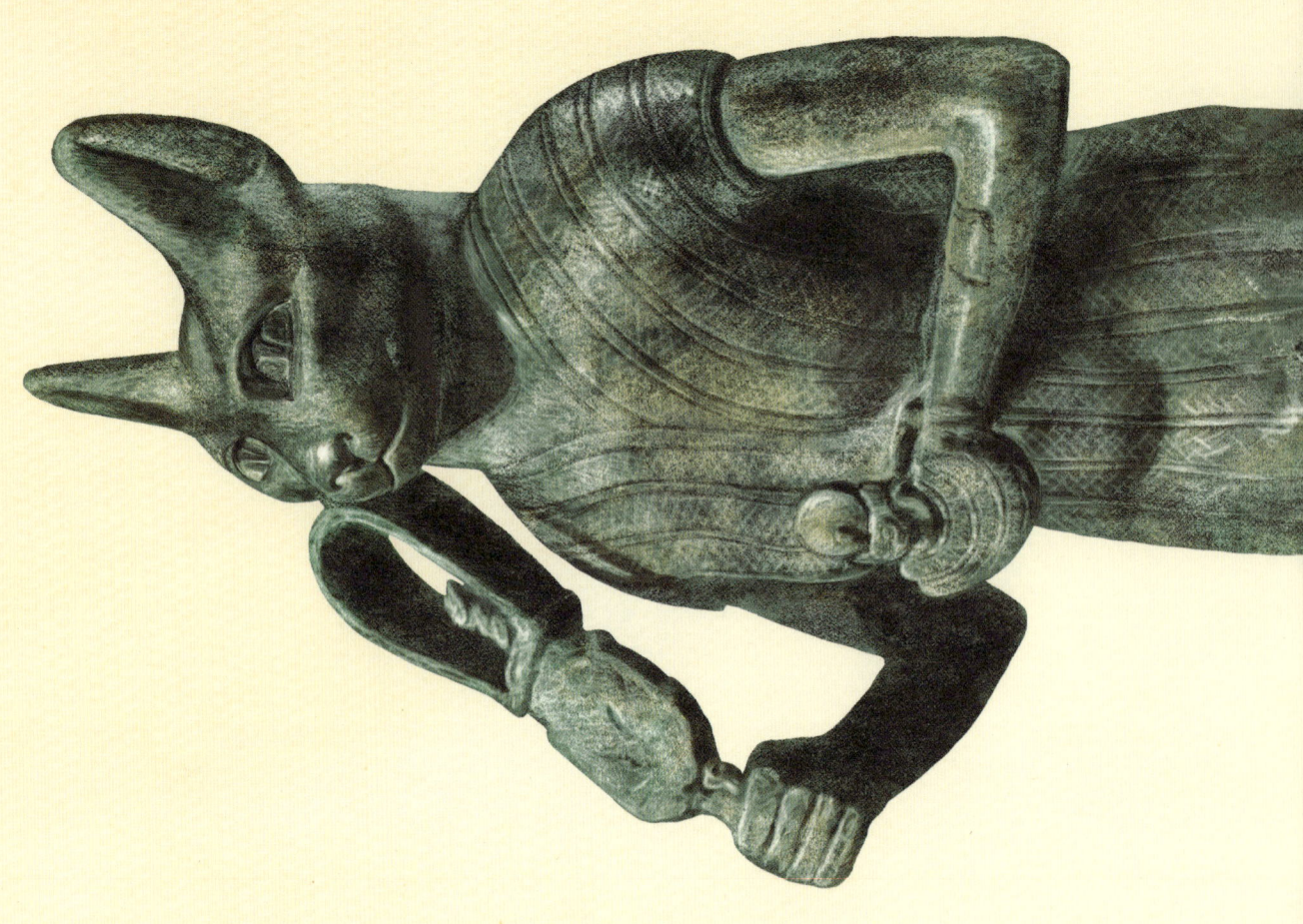

# 猫女神

巴斯蒂特是埃及的猫女神。这尊雕像以纯铜打造,猫眼睛以黄金制作,猫耳朵上有可以穿耳环的孔。

女神巴斯蒂特最初的形象是一头晓勇善战的母狮。随着时间推移,她变得越发温顺,逐渐演变为图中的猫女形象。

这尊迷你雕像有可能是巴斯蒂特的追随者献给神庙的祭品之一,出土于一座叫作巴斯提斯的城市,那里是全埃及最崇拜猫的地方。

众所周知,猫是多胎动物,因此巴斯蒂特也是分娩女神,她生出来的小猫咪也被雕刻在她脚前。

巴斯蒂特右手握的叉铃是拨浪鼓的一种,叉铃的把手上刻着音乐女神哈索尔的脸,把手顶端还雕刻着一只猫。

巴斯蒂特的左手拿的是麦纳特项链的坠子,这种神项链由嘎嘎作响的珠子串成,一般是艺人所佩戴的。巴斯蒂特也是代表节庆与欢乐的女神。

每年，巴斯提斯都会举行纪念巴斯蒂特的活动，人们载歌载舞，击掌欢庆。

### 小档案

出土于：埃及巴斯提斯古城
现藏于：英国伦敦的大英博物馆
年　代：公元前900—公元前600年（晚王国时期）
材　质：铜、黄金
尺　寸：高27厘米、宽8.3厘米、厚10.8厘米

# 金色凉鞋

　　法老图坦卡蒙去世时年仅19岁。在他的尸体被制作成木乃伊之前，脚上穿的就是这双凉鞋。

　　这双凉鞋制作精良，虽然外观像是日常穿着的皮革鞋，但其实它是用纯金打造的。

　　古埃及人认为图坦卡蒙去世后，同样也要前往另一个世界。这双金色凉鞋会在这段旅途中保护他。

　　从图中的凉鞋看来，法老的脚似乎很完美。可事实上，图坦卡蒙患有严重的骨骼病，他的脚严重变形。

## 小档案

**出土于：** 埃及底比斯（今卢克索）附近
**现藏于：** 埃及吉萨的大埃及博物馆
**年　代：** 公元前约1327年（新王国时期）
**材　质：** 黄金
**尺　码：** 凉鞋长29.5厘米、宽10.3厘米

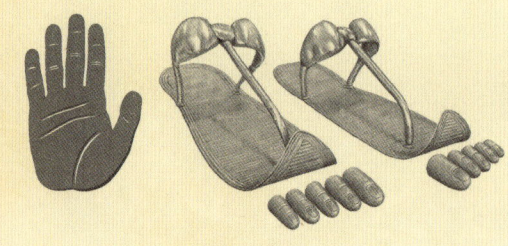

跟凉鞋一样，图中的金色趾帽也被细心地套在过世的法老的脚趾上，目的是保护脚趾。法老的身体必须好好保存，这样众神才能让他在来世复活。

图坦卡蒙的坟墓里堆满了金器。黄金是一种易于锤击、塑形和抛光的贵金属，可以被锻造得像太阳般闪闪发光。

黄金是绝佳的王室墓葬用料，因为它不会生锈或腐烂，可以永久保存。当图坦卡蒙的木乃伊被打开时，他身体上的某些部位已经腐烂，但那些被黄金保护的部位却依旧完好。

# 公主的盛宴

奈费尔蒂亚特公主的这幅画像绘制在她位于吉萨的陵墓里的一块石头上,距今4500多年。

奈费尔蒂亚特公主可能是书写与知识女神塞莎特的女祭司,像女神一样穿着豹皮长袍

这幅图表现的是奈费尔蒂亚特公主的灵魂到达另一个世界,一大桌美食盛宴似乎正迎接她的到来。

图中,公主正伸手去取桌子上的硬皮面包。桌子四周还有鸭、鹅、牛肉、啤酒等美味佳肴。

顶部的格子罗列出奈费尔蒂亚特公主在来世将会享受到的一切美好事物,包括椰枣、无花果、酒、化妆品、香水和油。

## 小档案

**出土于:** 吉萨,靠近现代埃及开罗
**现藏于:** 法国巴黎的卢浮宫博物馆
**年　代:** 约公元前2550年(古王国时期)
**材　质:** 石灰石、油漆
**尺　寸:** 高38厘米、宽52.5厘米

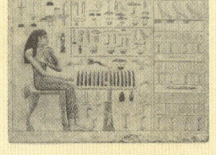
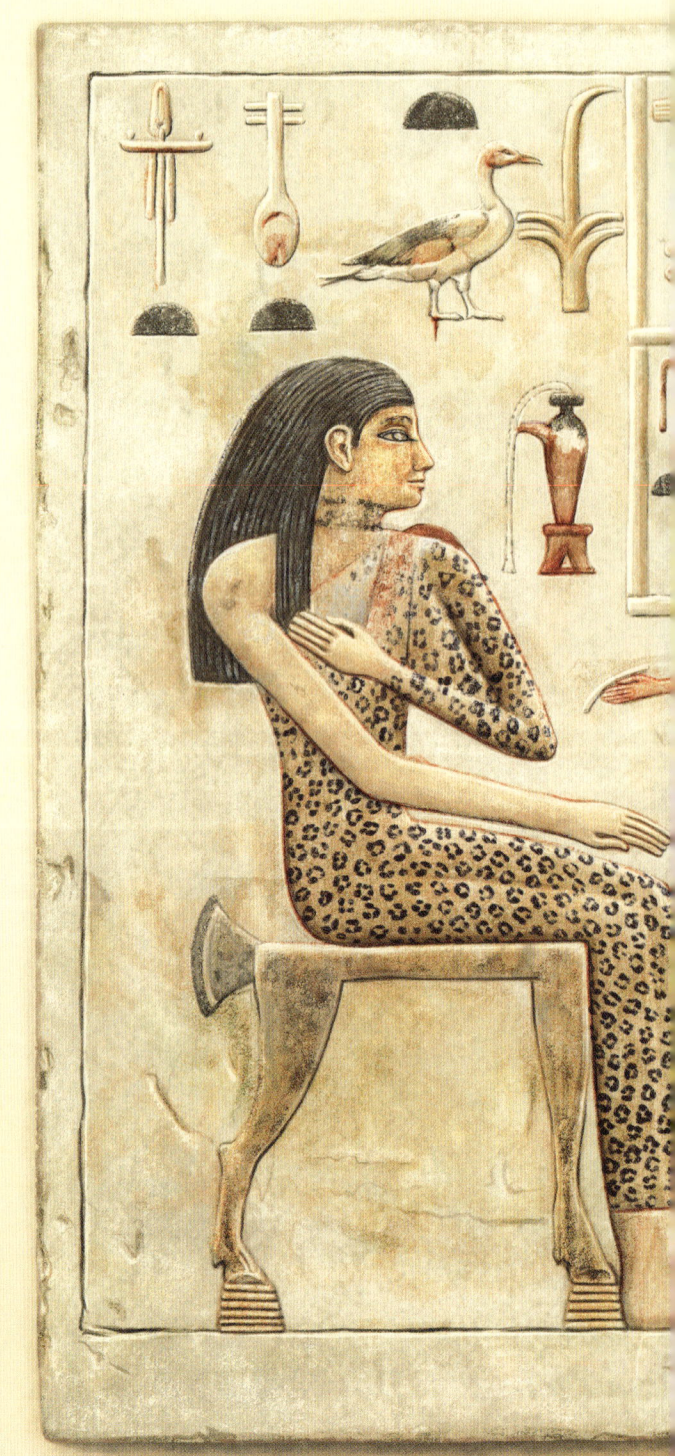

格子里的文字是由一些小图案和符号组成的,我们如今称之为象形文字。刻在奈费尔蒂亚特头顶的象形文字是她的名字,意为"来自东方的美"。

图片右边格子里陈列的上乘亚麻布匹是献给公主的贡品。公主得到了永生,也同样会得到永生所需的一切。

# 公羊神

这座公羊雕像有着弯弯的羊角和厚厚的羊毛，它是阿蒙神的化身，阿蒙是埃及最重要的一位神。雕像以坚硬的灰色花岗岩雕刻而成。

这座雕像是在努比亚地区的卡瓦发现的。为了纪念公羊神阿蒙，人们在那里建造了好几座庙宇和神龛。

雕像侧面的文字是一种叫做象形文字的细小符号。上面写着："阿蒙与天神夫人穆特的儿子，深得其父阿蒙的心。"穆特是阿蒙的妻子。

公羊前腿之间的人物是法老塔哈尔卡。他就是雕像上的文字所描述的那位"阿蒙之子"。塔哈尔卡来自发现这座雕像的努比亚地区。

这座雕像有时被称为斯芬克斯。斯芬克斯是古埃及一种半人半兽的神话形象，其兽身通常都是躺跪着的。

## 小档案

**出土于：** 苏丹卡瓦
**现藏于：** 英国伦敦的大英博物馆
**年　代：** 公元前690—公元前664年（晚王国时期）
**材　质：** 花岗岩
**尺　寸：** 高106厘米、宽63厘米、长163厘米

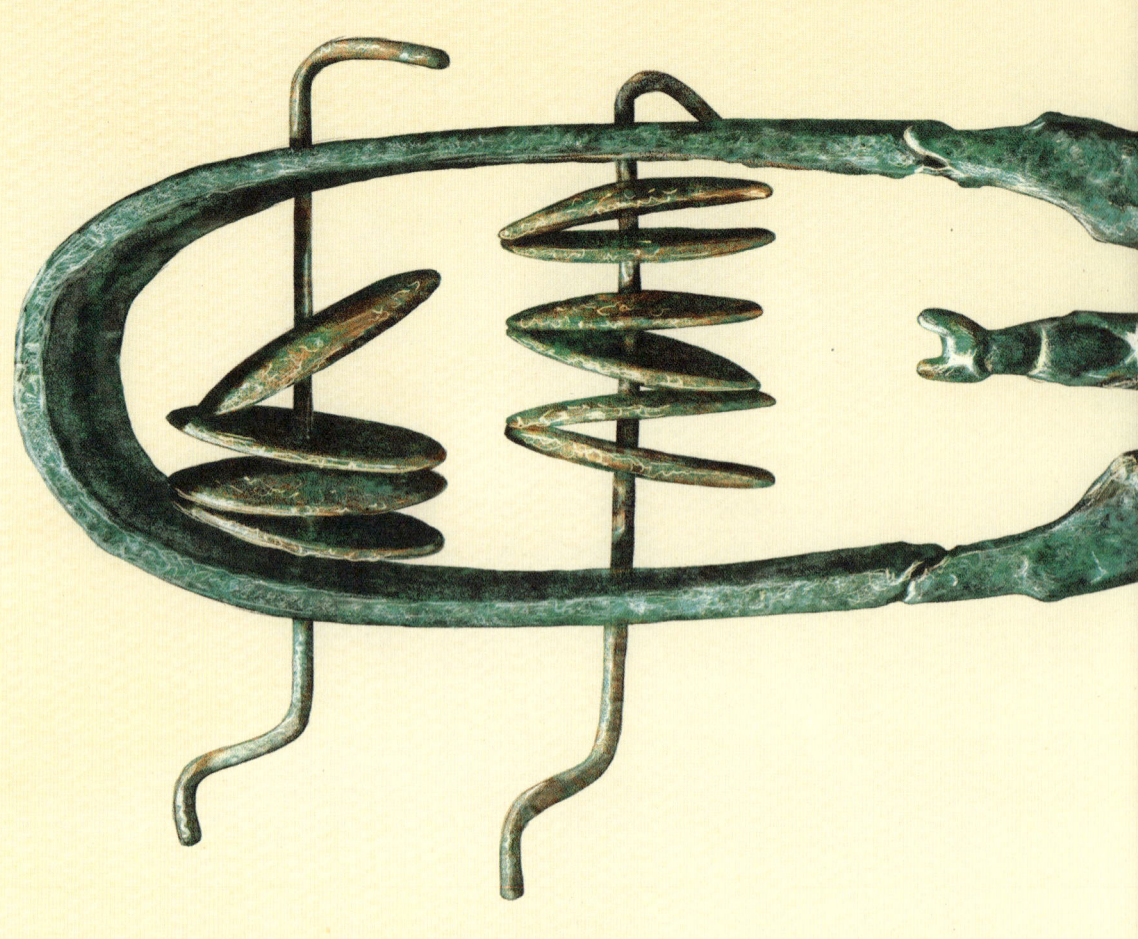

# 女神的拨浪鼓

在埃及宏伟的庙宇里，香气弥漫，吟诵与乐声回荡。女祭司用图中这种别称叉铃的乐器来敬拜神祇。演奏叉铃有点像摇晃拨浪鼓或手鼓。女祭司有节奏地摇晃叉铃，上面的金属盘顺势哐啷作响。

叉铃由一个铜框及与其连接的手柄制成。两根金属杆把圆盘穿在框上。

叉铃这种乐器在古埃及已使用几千年了。早期的叉铃设计得比较像盒子。

在对埃及母亲女神哈哈索尔的崇拜中，叉铃尤为重要。古埃及法老拜祭母亲女神哈索尔时，祭品中都会有一把叉铃。哈索尔是音乐、舞蹈、欢乐和爱的女神。

哈索尔的头像出现在这把叉铃的手柄上。她常以母牛的外形示人，要么长着牛耳朵，要么戴着有角的头饰。

这把叉铃上还有一只猫的形象,它就站在把手上的哈索尔头顶上方。女神哈索尔有时也会变成猫的样子。

## 小档案

**出土于**:大概是埃及的尼罗河三角洲
**现藏于**:西班牙巴塞罗那的巴塞罗那埃及博物馆
**年 代**:公元前715—公元前332年(晚王国时期)
**材 质**:铜
**尺 寸**:高30厘米

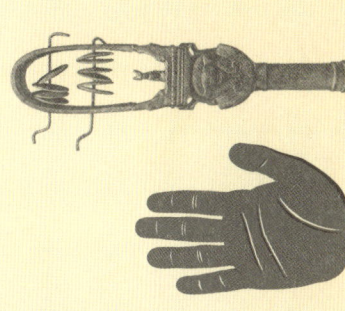

# 王室臂环

王后阿霍特普一世的木乃伊被发现时，这件珠宝缠在她的头发上。由于直径较小，它不可能是王冠，其大小又刚好适合戴在她的上臂上，因此被判定为臂环。

臂环正面的鸟是一只秃鹰，代表着上埃及的守护者涅赫贝特女神。

这是一只黄金制成的臂环，同时镶有宝石，其中深蓝色的是青金石。这种宝石并非产自埃及，而是来自几千公里外的阿富汗。

蓝绿色的宝石叫做绿松石，开采自埃及东部的西奈沙漠及其周边地区。

红色的宝石叫玛瑙，产自古埃及。它不如青金石或绿松石珍稀，但火红的颜色能使埃及人想起太阳神拉。

雅赫摩斯的名字出现在臂环上。这位勇敢的法老是阿霍特普的儿子。相传，雅赫摩斯外出打仗时，他的王后暂代他统治埃及。

## 小档案

**出土于：** 埃及底比斯的德拉阿布纳加
**现藏于：** 埃及吉萨的大埃及博物馆
**年　代：** 公元前1560—公元前1530年（第二中间期）
**材　质：** 黄金、青金石、绿松石、玛瑙
**尺　寸：** 高7.2厘米、宽6.6厘米

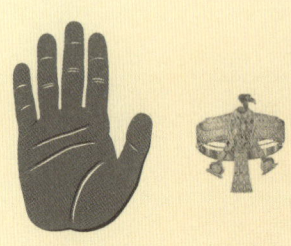

# 亡灵之书

　　这幅图虽然看起来有点像现代的连环漫画，但其实它讲述的是一个极其严肃的故事。人们可以通过阅读图片和象形文字了解故事的内容。

　　图中的场景集多种咒语于一体，如今人们称这些咒语为《亡灵之书》。这些咒语通常在坟墓里比较常见，旨在帮助死者在通向来世的旅途上通过各种测试。

　　图中，一位名叫胡内弗的王室贵族去世了，狼首神阿努比斯牵着他的手。

　　阿努比斯将胡内弗的心脏放在天平上，并将其与真理之羽进行对比。如果他的心

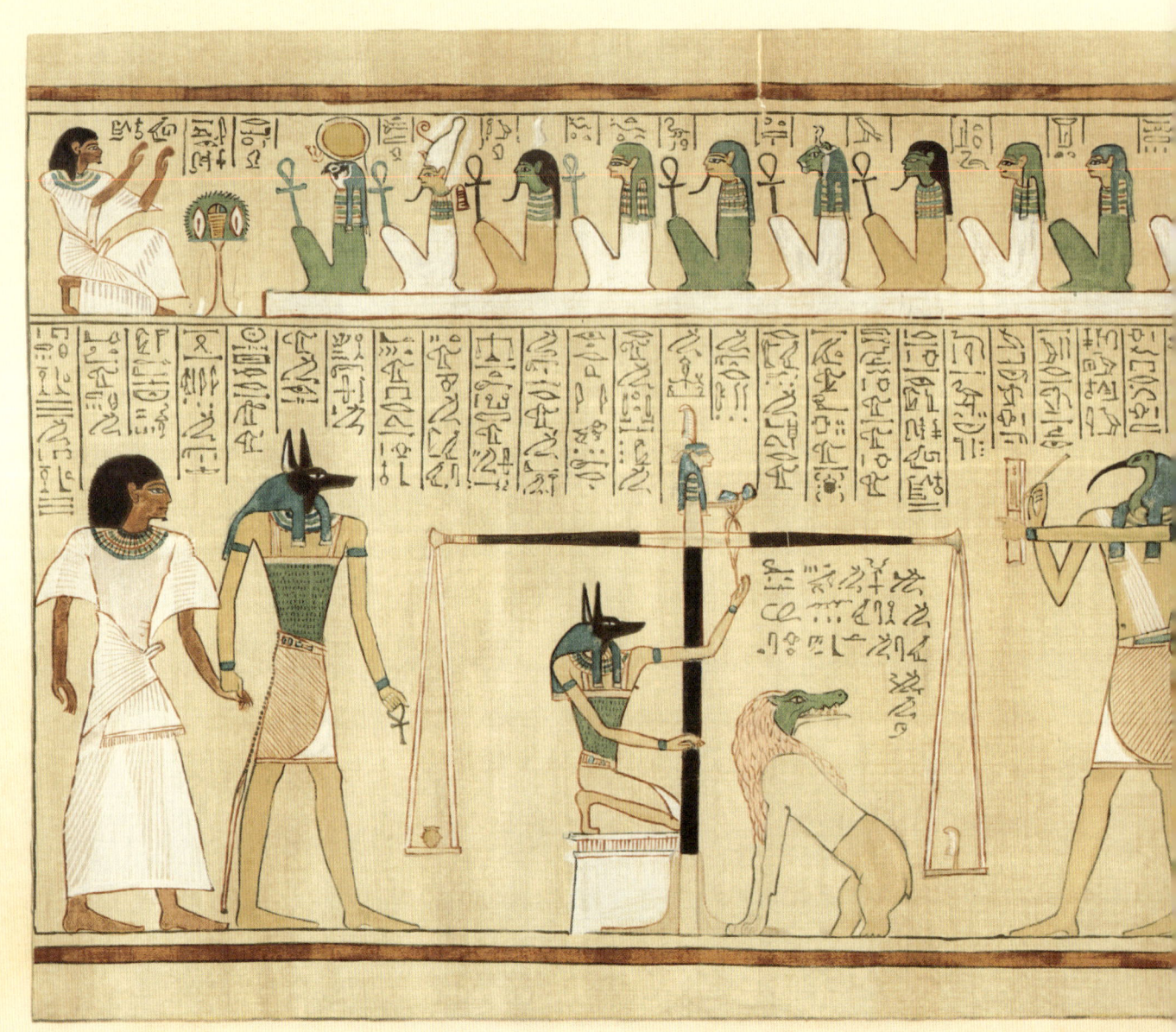

灵是纯洁的,就会像羽毛一样轻,那样胡内弗就可以前进。

如果胡内弗的内心充满邪恶,他就会被一只叫作阿米特的女怪兽吞噬,阿米特身上分别有鳄鱼、狮子和河马的特征。

在通过测试后,鹰头神荷鲁斯便会带领胡内弗登上奥西里斯的宝座。古埃及人认为荷鲁斯神是全人类的审判者,它统治着来世。

## 小档案

**出土于:** 埃及底比斯(卢克索)
**现藏于:** 英国伦敦的大英博物馆
**年　代:** 约公元前1275年(新王国时期)
**材　质:** 纸莎草纸、墨水、颜料
**尺　寸:** 高40厘米、宽79.3厘米

# 国王的精神力量

当考古学家打开图坦卡蒙的陵墓时，看到两个人向他们走来，但两个人都不是真人，而是与真人等大的木制雕像。图中是两座雕像中的一个。它看起来如同一位全副武装的士兵，守卫着图坦卡蒙的陵墓。现实中，这个形象代表了法老本人。

雕像的条纹状饰头巾是王室的象征。打挺的眼镜蛇代表着保护法老的眼镜蛇女神瓦吉特。

黑色树脂包裹着人像的木质躯体，镶着铜圈的眼睛炯炯有神，人像身上的衣服金光闪闪。

人像身着短裙，手持标枪，右手的权杖象征着王权与勇敢。古埃及人相信，雕像蕴含着国王的生命之源，在国王死后仍能继续存在。这种精神力量被称为卡。

不仅图坦卡蒙有这种"卡"雕像，在古埃及新王国时期，类似的"卡"雕像经常被放在王室墓葬里。

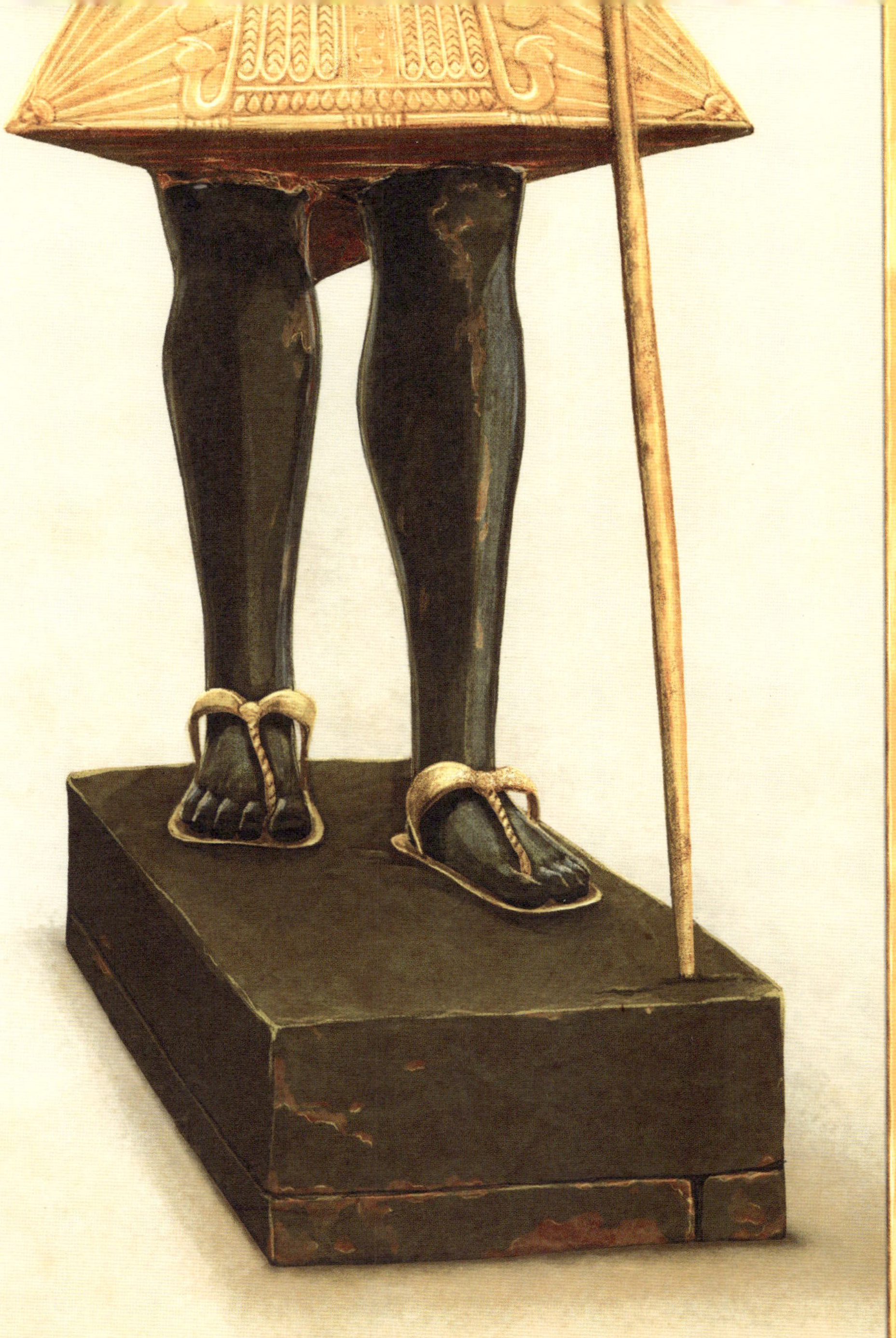

## 小档案

**出土于**：埃及底比斯（卢克索）
**现藏于**：埃及吉萨的大埃及博物馆
**年 代**：约公元前1327年（新王国时期）
**材 质**：木材、油漆
**尺 寸**：高192厘米、宽53.5厘米

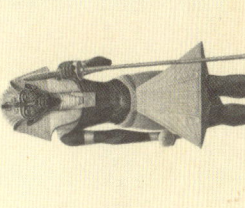

# 蓝色刺猬

刺猬是一种背上长刺的小动物。它们吃昆虫,尤其爱吃甲虫;受到攻击时,刺猬会蜷缩成一团。古埃及人制作了图中的刺猬雕塑。

刺猬雕塑一般被放在陵墓里。图中这只小刺猬出土于阿比多斯的一座陵墓,距今约3500年。

墓葬中的刺猬像代表着人类通向来世的旅程。刺猬在冬天会冬眠，并且睡得很沉，看起来好像死了一样。当它们在春天醒来时，仿佛重新活了过来。

这只小刺猬用蓝色彩陶制成，这是一种特殊的釉面陶瓷。蓝色将刺猬与神联系在一起，这也是为什么许多刺猬像都是蓝色的。

刺猬不会被蛇和蝎子的毒液伤害，因此古埃及人认为刺猬代表着幸运。

他们制作刺猬状护身符、幸运符、拨浪鼓，甚至还有刺猬形状的香水瓶。

### 小档案

**出土于：** 埃及阿比多斯

**现藏于：** 英国牛津的阿什莫尔博物馆

**年　代：** 公元前1550—公元前1292年（新王国时期）

**材　质：** 釉面陶瓷（彩陶）

**尺　寸：** 长7.8厘米、宽6.8厘米

# 尼罗河沿岸的农业

古埃及时代，尼罗河每年都会泛滥。河岸上留下的厚厚泥浆，非常适合种植玉米和大麦等谷物。这幅图片展示了人们在河边田地里耕作的场景。

这幅壁画出土于一位名叫乌尼斯的官员的陵墓。他的职责是监督为太阳神和空气之神阿蒙的神庙播种和收割谷物的人。

在绘画之前，艺术家会用泥土和稻草碎的混合物覆盖墙壁。石膏被涂在顶部，制造出一个光滑的平面，以便在上面作画。

壁画最下方，有的人在锄地，有的人牵着简易的木犁翻地，还有一个人在播撒种子。

中间部分，劳动者在收割高大的农作物。他们用镰刀割下麦穗，留下穗子给牲口吃。妇女们则拾掇着掉在地上的粮食。

## 小档案

**出土于**：埃及底比斯（卢克索）
**现藏于**：法国巴黎的卢浮宫博物馆
**年　代**：约公元前1450年（新王国时期）
**材　料**：石膏、油漆
**尺　寸**：高68厘米、宽94厘米

在最上方,男人们将一筐筐的谷物从田地里运出来。他们把谷物倒在地上让公牛踩踏,以便把种子与外壳分开。

古埃及人使用壁画上的谷物作物来烘烤面包、煮粥及酿造啤酒。他们还种植洋葱、豆类、卷心菜和韭菜等。

# 法老的匕首

这两把匕首的主人是法老图坦卡蒙。上面这把的金刃非常珍稀，而下面这把的铁刃则十分特别。两把匕首都是在法老的陵墓中发现的。

金匕首的刀刃上刻有花朵和钻石图案。刀柄上刻着图坦卡蒙的名字，并饰有黄金、宝石和玻璃。

金匕首柄上的两只猎鹰托举着一个"生环"符号。在古埃及，这个符号看起来像一圈首尾相接的绳子，代表了完整与永恒的保护。

金匕首被放置于图坦卡蒙的木乃伊上，因为祭司们相信这把匕首能在法老死后保护他。

科学家发现，铁刃中的金属来自外太空，估计是制造这把匕首的铁匠使用了坠落地球的陨石。

铁匕首的刀柄是金制的，装饰精美。刀柄末端的圆把手即柄头是水晶制的。

金光闪闪的金鞘可以使每一把匕首的利刃都得到保护。

## 小档案

**出土于**：埃及底比斯（今卢克索）附近
**现藏于**：埃及吉萨的大埃及博物馆
**年　代**：约公元前1330年（新王国时期）
**材　质**：黄金、铁
**尺　寸**：金匕首长31.8厘米，铁匕首长34.2厘米

# 附录：术语表

| 英文 | 中文 | 出现页码 |
|---|---|---|
| Abydos | 阿比多斯（古埃及地名） | 74、75 |
| Ahhotep | 阿霍特普（王后） | 68 |
| Ahmose | 雅赫摩斯（法老） | 68 |
| Akhenaten | 埃赫那吞（古埃及地名） | 15 |
| Akhenaten | 埃赫那吞（法老名字） | 14、26、38、42 |
| alabaster | 雪花石膏 | 42 |
| Amenemhat | 阿蒙涅姆哈特（法老） | 34 |
| Amenhotep | 阿蒙霍特普（法老） | 42、57 |
| Ammit | 阿米特（神的名字） | 71 |
| Ankhesenamun | 安克赫蒙（王后） | 26、38 |
| Anubis | 阿努比斯（神的名字） | 70、71 |
| Ashmolean Museum | 阿什莫尔博物馆 | 75 |
| Asyut | 艾斯尤特（古埃及地名） | 17 |
| Aten | 阿吞（神的名字） | 15、26、38 |
| Bastet | 巴斯蒂特（神的名字） | 前言、58、59 |
| Bes | 贝斯（神的名字） | 32、33 |
| Book of the Dead | 《亡灵之书》 | 40、70 |
| British Museum | 大英博物馆 | 12、33、40、44、46、52、55、59、64、71 |
| Brooklyn Museum | 布鲁克林博物馆 | 56 |
| Bubastis | 巴斯提斯（古埃及地名） | 22、23、58、59 |
| canopic jars | 卡诺卜坛（礼葬瓮） | 18 |
| carnelian | 玛瑙 | 50、68 |
| Dra' Abu el-Naga | 德拉阿布纳加（古埃及地名） | 68 |
| Duamutef | 多姆泰夫 | 19 |

续表

| 英文 | 中文 | 出现页码 |
| --- | --- | --- |
| ebony | 乌木 | 34、42 |
| Egyptian Museum of Barcelona | 巴塞罗那埃及博物馆 | 67 |
| emmer | 二粒小麦 | 24 |
| faience | 彩陶 | 17、26、32、33、43、50、56、75 |
| Feather of Truth | 真理之羽 | 71 |
| flail | 拂尘 | 54 |
| Grand Egyptian Museum | 大埃及博物馆 | 20、26、37、48、50、60、68、73、79 |
| Hapy | 哈碧 | 19 |
| Hathor | 哈索尔（神的名字） | 前言、42、43、58、66、67 |
| Henettawy | 海那塔薇（公主） | 8 |
| Henutmehyt | 亨努特梅特 | 40、41 |
| Horus | 荷鲁斯（神的名字） | 18、50、71 |
| Hunefer | 胡内弗 | 70、71 |
| Imsety | 艾姆谢特 | 19 |
| Isis | 伊希斯（神的名字） | 8、28、52 |
| ka | 卡（古埃及象形文字含义，一种精神力量） | 72 |
| Kawa | 卡瓦（苏丹地名） | 64 |
| knob | 圆把手 | 79 |
| Kynebu | 基耐布 | 54 |
| lapis lazuli | 青金石 | 50、68 |
| Luxor | 卢克索（古埃及地名） | 8、11、12、18、25、26、29、30、34、37、40、44、46、50、55、56、60、71、73、76、79 |
| Mallawi | 马拉维 | 33 |
| Medinet Ghurab | 哈布城遗址 | 43 |

续表

| 英文 | 中文 | 出现页码 |
| --- | --- | --- |
| Meir | 美尔（古埃及地名） | 17 |
| Meketre | 梅克特雷 | 10、11、24、28、29 |
| menat | 麦纳特 | 58 |
| Metropolitan Museum of Art | 大都会艺术博物馆 | 8、11、17、25、29、34 |
| muna | 泥土和稻草碎的混合物 | 76 |
| Mut | 穆特 | 64 |
| Nebamun | 内巴蒙 | 12、44、45 |
| Nebty | "双女" | 50 |
| Nefertari | 奈费尔塔里（王后） | 54 |
| Nefertiabet | 奈费尔蒂亚特（公主） | 62、63 |
| Nefertiti | 纳芙蒂蒂（王后） | 前言、14、15 |
| Nekhbet | 涅赫贝特（神的名字） | 50、68 |
| Nepthys | 尼普提斯（神的名字） | 28 |
| Neues Museum | 新博物馆 | 15、38、43 |
| Nubia | 努比亚（古埃及地名） | 42、64 |
| Osiris | 奥西里斯（神的名字） | 8、11、20、52、71 |
| papyrus | 纸莎草 | 12、26、48 |
| pommel | 柄头 | 79 |
| Qebehsenuef | 凯布山纳夫 | 18 |
| Ra | （阿蒙神）拉（神的名字） | 前言、8、20、30、40、68 |
| Ra-Horakhty | 拉－赫拉克提（神的名字） | 30 |
| Saqqara | 塞加拉（古埃及地名） | 48 |
| Senbi | 森比 | 16、17 |
| senet | 塞尼特棋 | 56 |
| sesh | 书写者（古埃及象形文字含义） | 48 |
| Seshat | 塞莎特（神的名字） | 62 |
| Seth | 塞斯（神的名字） | 50 |

续表

| 英文 | 中文 | 出现页码 |
|---|---|---|
| shabti | 沙伯替（古埃及文原意为"答者"） | 40 |
| shen | "生环"（古埃及象形文字含义） | 34、78 |
| Sinai | 西奈（古埃及地名） | 68 |
| sphinx | 斯芬克斯（兽身人面像） | 64 |
| Taharqo | 塔哈尔卡（法老） | 64 |
| Taweret | 塔沃瑞特（神的名字） | 17 |
| Tell el-Amarna | 阿马尔纳遗址 | 15、38 |
| The Louvre Museum | 卢浮宫博物馆 | 18、23、30、62、76 |
| Thebes | 底比斯（古埃及地名） | 8、11、12、18、24、25、26、29、30、34、37、40、44、46、50、55、56、60、68、71、73、76、79 |
| Thoth | 透特（神的名字） | 50 |
| Thutmose | 图特摩斯 | 14 |
| Tiye | 提耶（王后） | 前言、42、43 |
| Tuna el-Gebel | 图纳艾戈贝尔（埃及地名） | 33 |
| turquoise | 绿松石 | 68 |
| Tutankhamun | 图坦卡蒙（法老） | 前言、20、26、36、37、38、43、50、51、60、61、72、78 |
| Unsu | 乌尼斯 | 76 |
| Valley of the Kings | 帝王谷 | 20 |
| Wedjat | 瓦吉特（神的名字） | 50、51、72 |
| yew | 紫杉木 | 42、43 |